AF312860

TRAITÉ

ÉLÉMENTAIRE

d'Instrumentation

À L'USAGE

des Chefs de musique d'Harmonie

ET DE

FANFARES

PAR

L. GIRARD.

Professeur d'Harmonie

PR. 12 FR.

GAMBARO, ÉditN rue d'Enghien 30,

TRÁITÉ ÉLÉMENTAIRE D'INSTRUMENTATION.

À L'USAGE DES CHEFS DE MUSIQUES D'HARMONIE ET DE FANFARE.

Les instruments en usage dans la musique militaire sont:

1re SÉRIE.

INSTRUMENTS SANS ANCHE.
- La petite Flûte en Ré♭.
- La Flûte en Ut.

INSTRUMENTS À ANCHES.
- Le HAUTBOIS. en Ut.
- CLARINETTES.
  - Petite en Mi♭.
  - Grande en Si♭.
  - Alto en Mi♭.
  - Basse en Si♭.
- Les SAXOPHONES.
  - Soprano en Si♭.
  - Alto en Mi♭.
  - Tenor en Si♭.
  - Baryton en Mi♭.
- Les BASSONS. en Ut.
- Les SARRUSOPHONES.
  - Soprano en Si♭.
  - Alto en Mi♭.
  - Tenor en Si♭.
  - Baryton en Mi♭.
  - Basse en Si♭.
  - Contrebasse en Mi♭.

2e SÉRIE.

INSTRUMENTS À EMBOUCHURE.
- Les SAXHORNS.
  - Suraigu en Si♭.
  - Soprano en Mi♭.
  - Contralto en Si♭.
  - Tenor en Mi♭.
  - Baryton en Si♭.
  - Basse en Si♭.
  - Contrebasse en Mi♭.
  - Contrebasse en Si♭.
- Le Cornet à Pistons.
- La Trompette simple.
- La Trompette à Pistons.
- Les Cors simples.
- Les Cors à Pistons.
- Le Trombone à coulisses.
- Le Trombone à Pistons.
- Les Ophicleides en Ut et en Si♭.

3e SÉRIE.

INSTRUMENTS À PERCUSSION.
- Les Timballes.
- La Caisse claire.
- La Caisse roulante.
- La Grosse Caisse.
- Les Cymbales.
- Le Triangle.
- Le Tamtam.
- Les Cloches.
- Le Tambour de Basque.
- Les Castagnettes.

Les musiques militaires se divisent en MUSIQUE D'HARMONIE, et FANFARES. Les musiques D'HARMONIE comportent tous les instruments des trois Séries, Les FANFARES se composent des instruments de la 2e et 3e Série auxquels on ajoute quelquefois les SAXOPHONES ou les SARRUSOPHONES. Les 4 derniers instruments de la 3e Série, LE TAMTAM, LES CLOCHES, LE TAMBOUR DE BASQUE, LES CASTAGNETTES, ne sont pas d'un usage habituel et ne sont employés que dans certains morceaux d'un caractère particulier.

1ʳᵉ SÉRIE.

LA PETITE FLÛTE.

La Petite Flûte employée dans les musiques militaires est en Ré ♭. (On dit qu'un instrument est en Ré ♭, en Mi ♭, en Fa, en La, *etc.* suivant que la note nommée Ut sur cet instrument est en Ré ♭, en Mi ♭, en Fa, en La, relativement au diapason. Tout instrument dont l'Ut donne une note autre que l'Ut du diapason est dit instrument TRANSPOSITEUR. Ceux dont l'Ut correspond à l'Ut du diapason, comme la Grande Flûte, le Hautbois, le Trombone *etc.* sont des instruments NON TRANSPOSITEURS)

ÉTENDUE DE LA PETITE FLÛTE EN RÉ ♭.

Sous réels.

Au dessus de la dernière note Si ♭, les notes Si ♮ et Ut sont difficiles et inusitées.

Sur la Petite Flûte ordinaire les Trilles suivants sont difficiles.

Les suivants sont impossibles.

Sur la Flûte Boehm, tous les Trilles sont possibles.

Les tons les plus faciles pour la Flûte ordinaire sont ceux de Mi, La, Ré, Sol, Ut, Fa, Si ♭, Mi ♭, Majeurs et leurs relatifs Mineurs. (Le ton de Ré Majeur est le plus facile de tous) Sur la Flûte Boehm, on joue facilement dans tous les tons.

A partir à peu près du Ré, 4ᵉ ligne, les sons vont en s'affaiblissant jusqu'au Ré grave et ne peuvent guère s'employer que dans le Solo.

LA GRANDE FLÛTE.

La Grande Flûte qu'on emploie le plus souvent est celle en Ut. Cet instrument n'est pas transpositeur et les notes écrites représentent les sons réels. Tout ce qui vient d'être dit sur la petite est applicable à la Grande Flûte.

Les sons de l'octave grave ne peuvent être d'aucune utilité dans la musique militaire. Les morceaux de musique militaire étant écrits surtout dans les tons de Fa, Si ♭, Mi ♭, La ♭, la Flûte ordinaire en Ut doit jouer dans ces tons qui lui sont peu favorables. Il y aurait avantage à employer la Grande Flûte en Ré ♭ qui au lieu de jouer avec 1, 2, 3, 4 bémols à la clef jouerait avec quatre dièzes, 3 dièzes, 2 dièzes, 1 dièze. On emploie quelquefois la Flûte Mi ♭ dite Flûte tierce, qui joue à l'unisson de la petite Clarinette.

LE HAUTBOIS.

Cet instrument n'est pas transpositeur. Voici son étendue:

(avec les $\frac{1}{2}$ tons intermediaires)

On fera bien de ne pas le faire monter au dessus du Ré, note que beaucoup d'instrumentistes ont déjà de la difficulté à produire.

TRILLES DIFFICILES.

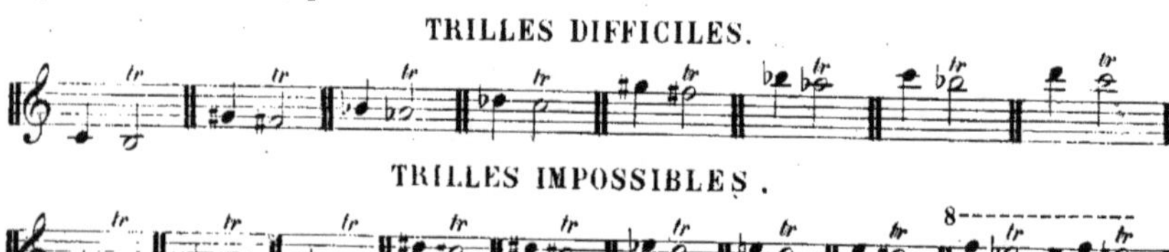

TRILLES IMPOSSIBLES.

Tous les Trilles sont possibles sur le Hautbois système Boehm.

Dans la musique militaire, le Hautbois, dont les sons n'ont pas beaucoup d'éclat, joue souvent en Mi ♭, en La ♭, en Ré ♭, tous dans lesquels sa sonorité est encore plus effacée, et son doigté plus difficile. On se sert dans quelques musiques de Hautbois en Si ♭, en Ré ♭ qui, au lieu de jouer en Si ♭, en Mi ♭, en La ♭, jouent en Ut, en Fa, en Si ♭ ou bien en Ré, en Sol et en Ut tous beaucoup plus favorables à l'instrument: malheureusement le Hautbois en Si ♭ est d'une sonorité plus sourde que le Hautbois en Ut. Celui en Ré ♭ pourrait s'employer beaucoup plus avanta_ geusement. On emploie généralement deux Hautbois divisés en deux parties.

LA CLARINETTE.

L'étendue de la Clarinette se divise en 3 Registres:

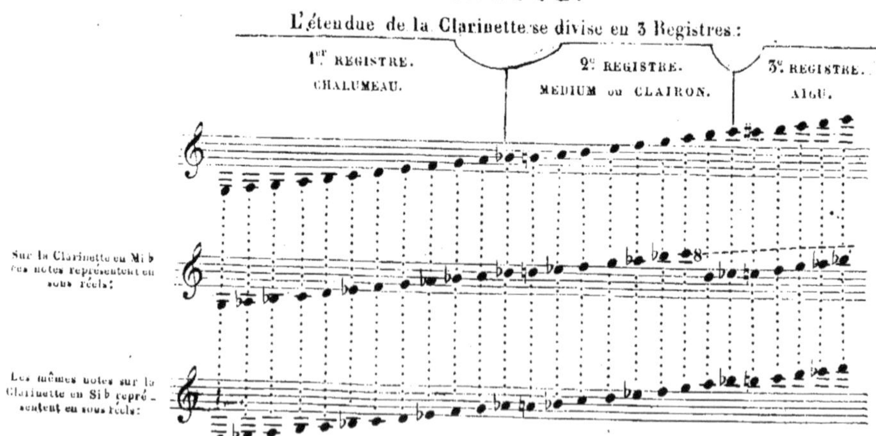

Bien que le Registre aigu possède quelques notes de plus au dessus du dernier Sol, nous les avons négli_ gées comme difficiles et inusitées. Le Sol devra même n'être employé que rarement sur la P.te Clar: Mi ♭.

ON ÉVITERA LES TRILLES SUIVANTS.

Les tons les plus favorables sont La, Ré, Sol, Ut, Fa, Si ♭, Mi ♭, La ♭ et leurs relatifs.

Les perfectionnement apportés à la Clarinette ont rendu possible une foule de passage autrefois impraticables. Avec la Clarinette omnitonique ou Boehm tous les Trilles peuvent s'exécuter.

Quelques musiques emploient la Clarinette Alto en Mi ♭ et la Clarinette Basse en Si ♭; la première à l'octave inférieure de la Petite Clarinette Mi ♭, la deuxième à l'octave de la Clarinette en Si ♭. Toutes deux s'écrivent sur la clef de Sol. Leur étendue est la même que celles des autres Clari-

Il peut résulter de beaux effets de l'emploi de ces Clarinettes : malheureusement la Clarinette Basse est très fatiguante à jouer et difficile dans le clairon c'est sans doute pour cette raison qu'elle n'est pas plus répandue. Quand à la Clarinette Alto elle devrait figurer dans toutes les musiques militaires.

LES SAXOPHONES.

Les Saxophones les plus généralement employés sont le Soprano en Si ♭ (à l'unisson de la Clarinette en Si ♭) l'Alto en Mi ♭ (à l'octave basse de la Petite Clarinette en Mi ♭) le Ténor en Si ♭ (à l'octave basse du Soprano) et le Baryton en Mi ♭ (à l'octave basse de l'Alto.)

LE BASSON.

Le Basson d'une sonorité faible en plein air a presque tout à fait disparu aujourd'hui de nos musiques militaires. Cet instrument n'est pas transpositeur

Voici son étendue.

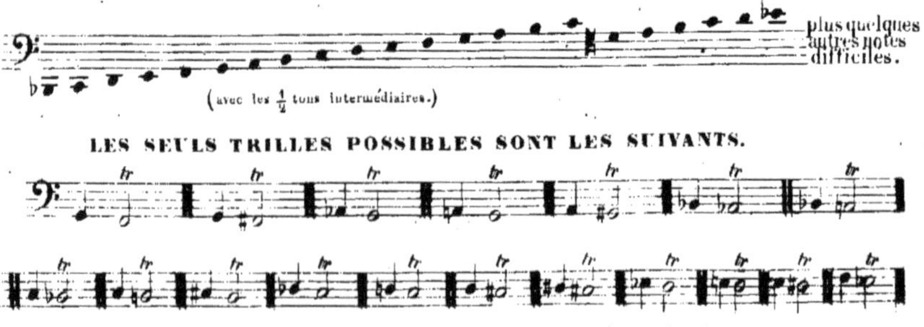

LES SEULS TRILLES POSSIBLES SONT LES SUIVANTS.

LES SARRUSOPHONES.

Ces instruments, de création récente, sont destinés à remplacer dans les orchestres militaires les Hautbois et les Bassons dont ils reproduisent le timbre avec une plus grande intensité de son.

Ils sont au nombre de six: le Soprano en Si♭, l'Alto en Mi♭, le Tenor en Si♭ (octave basse du Soprano) le Baryton en Mi♭ (octave basse de l'Alto) la Basse en Si♭ (double octave basse du Soprano) et la Contrebasse en Mi♭ (double octave basse de l'Alto.)

On construit encore d'autres sujets de la même famille, le Sopranino Mi♭, diapason de la Petite Clarinette, la Basse en Ut, à l'unisson du Basson, la Contrebasse en Ut ou Contrebasson, donnant l'octave inférieure du Basson en Ut et la Contrebasse Si♭ (octave inférieure du Sarrusophone Basse Si♭) les deux derniers sont les instruments à vent les plus graves que l'on connaisse.

ETENDUE DES SARRUSOPHONES.

Les notes aigües sont d'autant plus difficiles que l'instrument est plus aigu on fera bien de ne pas écrire le Soprano et le Contralto au dessous de l'Ut ou tout au plus du Ré aigus.

ON EVITERA LES TRILLES SUIVANTS.

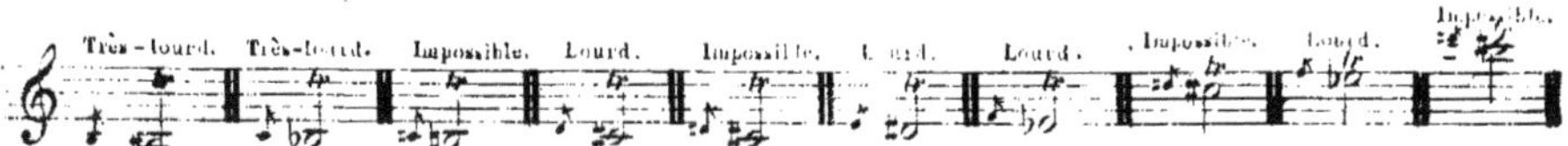

2.ᵉ SÉRIE.

LES SAXHORNS.

Ces instruments sont au nombre de huit: le petit Saxhorn sur aigu en Si♭, le Saxhorn Soprano (Petit Bugle) Mi♭; le Saxhorn Contralto (Bugle en Si♭) le Saxhorn Ténor (improprement nommé Alto) le Saxhorn Baryton en Si♭; le Saxhorn Basse en Si♭; le Saxhorn Contrebasse Mi♭ et le Saxhorn Contrebasse en Si♭. Les cinq premiers s'écrivent sur la clef de Sol; la Basse en Si♭ s'écrit le plus souvent sur la clef de Fa.

_ ÉTENDUE DES SAXHORNS (sauf la basse)

ÉTENDUE DU SAXHORN BASSE EN SI♭.

ON ÉCRIT SOUVENT LES DEUX CONTREBASSES SUR LA CLEF DE FA.

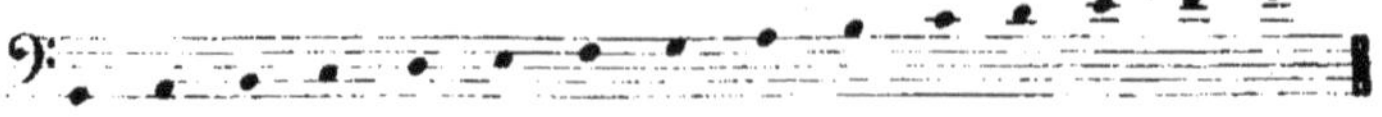

Peu de musiques emploient le Petit Saxhorn sur aigu en Si ♭ il est cependant des cas où il peut être très utile.

EXEMPLE.
SOPRANO en Mi♭.

Le même passage écrit pour le Petit Saxhorn sur aigu devient qui est beaucoup plus facile. Il ne faut pas faire monter le Petit Saxhorn sur aigu en Si♭ au dessus de ou tout au plus de il ne faut pas le faire descendre au dessous de Le Saxhorn Soprano en Mi♭ devra monter rarement au dessus de à mesure que ces instruments deviennent plus graves les notes aigües deviennent plus faciles. Mais bien que beaucoup d'instrumentistes donnent sans trop de difficulté sur le Contr'alto en Si♭ les notes aigües on fera bien de ne pas écrire pour cet instrument plus haut que il faut même n'employer cette note qu'avec discrétion. Au reste, sur tous les instruments à embouchure, les notes les plus avantageuses, les plus faciles, les moins fatiguantes, dont le timbre est le meilleur sont les notes du médium. Nous conseillons donc aux Compositeurs de se renfermer autant que possible dans l'étendue suivante Les Contrebasses en Mi♭ et en Si♭ monteront rarement au dessus de ou et ne descendront jamais au dessous de ou on ne doit jamais leur donner à jouer des passages rapides. Quand a la Basse en Si♭, à laquelle un 4.ᵉ Cylindre donne plus d'étendue au grave on pourra le faire descendre jusqu'à au dessous de cette note les notes existent: nous ne les avons pas indiquées; elles sont difficiles et par conséquent inusitées. Cependant quelques instrumentistes donnent assez facilement et même Sur la Basse ordinaire les notes intermédiaires entre et sont fausses on fera donc bien de ne pas les écrire. Ces notes si utiles Mi♭, Ré, Ré♭ ne peuvent se faire que sur les Basses construites d'après le SYSTÈME ÉQUITONIQUE GAUTROT. Ce système a été appliqué à tous les autres Saxhorns dont ils augmentent d'une quarte l'étendue au grave. Certains artistes peuvent même descendre sur ces instruments beaucoup plus bas que l'Ut grave: nous avons entendu M.ʳ H. MAURY, de l'Opéra, parcourir sur un Contr'alto équitonique en Si♭, l'énorme étendue suivante:

LES TRILLES LES PLUS FACILE (SUR LES SAXHORNS ORDINAIRES) SONT LES SUIVANTS

Les Trilles Majeurs, à part quelques un comme sont plus difficiles que les Trilles Mineurs.

Les tons les plus favorables aux Saxhorns sont ceux de Ré, Sol, Ut, Fa, Si ♭.

LE CORNET A PISTONS.

Tout ce qui vient d'être dit concernant les Saxhorns est applicable au Cornet à Pistons. Cet instrument était pourvu autrefois d'un plus grand nombre de corps de rechange qu'aujourd'hui. Ainsi il pourrait être à volonté, en Si ♭, en La, en La ♭, en Sol, en Fa, en Mi, en Mi ♭ etc.

Mais on a reconnu que sa justesse s'altérait de plus en plus à mesure que le tube additionnel qu'on lui adaptait devenait plus grave, et aujourd'hui les seuls tons (corps de rechange) en usage sont ceux de Si ♭ et de La. Le Cornet en Si ♭ (unisson du Saxhorn Contr'alto) est à peu près le seul dont on se serve dans la musique militaire (on y emploie quelquefois le Cornet en Ut)

Cependant le Cornet en La pourrait devenir fort utile dans certains cas, rares, à la vérité.

Il est fâcheux qu'on abandonne le Cornet à Pistons en La♭, dont la justesse est satisfaisante et dont le timbre est excellent il pourrait faciliter beaucoup de traits d'une exécution difficile sur le Cornet en Si♭ ou le Saxhorn Contr'alto.

EXEMPLE.

Quelques musiques se servent du Cornet à Pistons en Mi♭ aigu. Cet instrument donne l'unisson du Saxhorn Soprano en Mi♭, mais il est d'un timbre plus strident.

LA TROMPETTE.

Cet instrument a plusieurs tons ou corps de rechange; ceux en Fa et en Mi♭ sont à peu près les seuls employés dans la musique militaire. (La Trompette de Cavalerie est en Mi♭)[*]

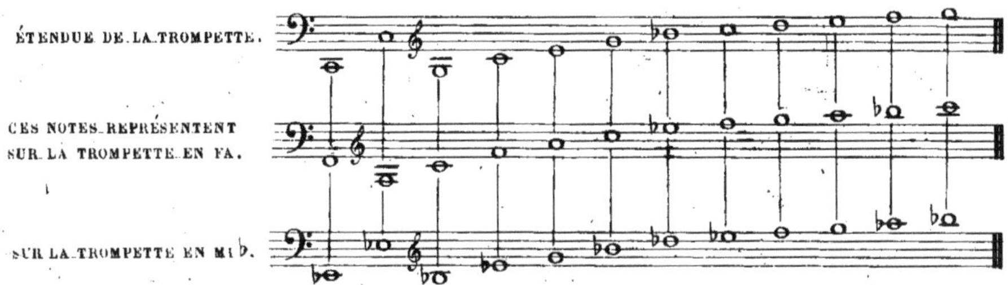

La 1re note (le Contr'ut grave) est très difficile et inusitée. Le Si♭ est trop bas; le Fa est trop haut: on fera bien de ne pas les employer. Le Sol aigu est juste mais difficile. Nous conseillons de ne pas dépasser et même de ne se servir de cette note qu'avec réserve.

On se servait autrefois de Trompettes aiguës (Cornets ou Posthorns) en Si♭ et en La♭. Ces instruments ont presqu'entièrement disparu. Leur étendue est la même que celle de la Trompette en Fa et en Mi♭. Mais les notes aiguës sont très difficiles. Il ne faut pas dépasser à l'aigu Etendue du Cornet ou Poshorn.

Sous réels du Cornet en Si♭.

Sous réels du Cornet en La♭.

On les écrit souvent une octave plus haut ce qui est préférable. 

Dans les fanfares de Cavalerie on se sert de Trompettes Basses en Mi b, dont l'étendue est la même que celle de la Trompette, mais à l'octave grave. On les écrit de la même manière. Ainsi le Sol du médium de la Trompette Basse est à l'unisson du Sol grave de la Tro:

FRAGMENT DE FANFARE À 4 PARTIES (POUR TROMPETTES DE CAVALERIE)

Dans ces Fanfares l'accord de la dominante est toujours incomplet; il n'a pas de tierce comme on le voit. On remédierait facilement à cet inconvénient, au moyen d'une partie de Posthorn en Si b.

En employant des Trompettes en différents tons, on peut obtenir des effets plus variés.

Ainsi l'harmonie suivante pourrait être rendu par des Trompettes en Mi b et des Posthorns en Si b et en La b.

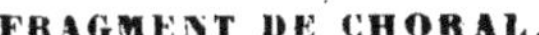

FRAGMENT DE CHORAL.

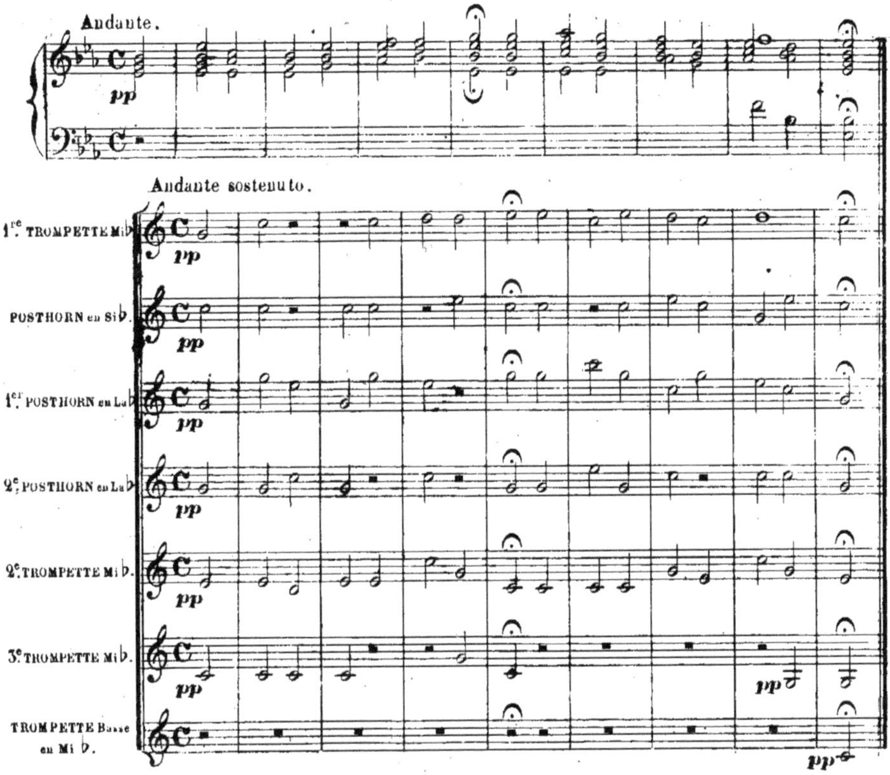
Andante.
pp
Andante sostenuto.
1re TROMPETTE Mi♭
POSTHORN en Si♭.
1er POSTHORN en La♭
2e POSTHORN en La♭
2e TROMPETTE Mi♭.
3e TROMPETTE Mi♭.
TROMPETTE Basse en Mi♭.
pp

LA TROMPETTE A PISTONS.

SON ETENDUE EST CELLE-CI.

et au dessus
TROMPETTE en Fa Sons réels.
TROMPETTE en Mi♭ Sons réels.

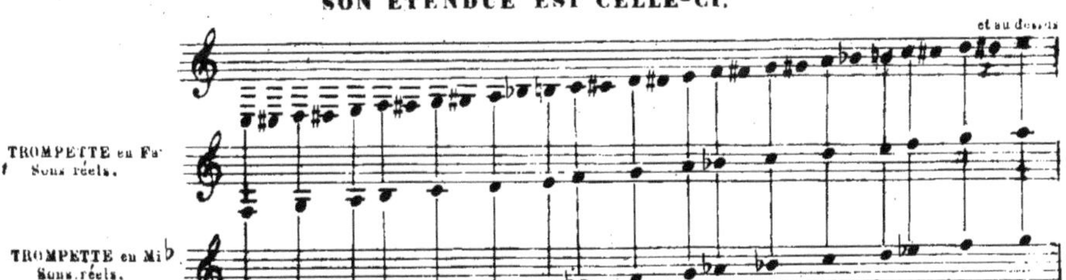

On peut ajouter à cette étendue quelques notes au grave, mais elles sont inusitées. Les tons de Fa et de Mi♭ sont à peu près les seuls en usage dans la musique militaire.

Maintenant qu'au moyen des Pistons les Trompettes ont gagné beaucoup de notes au grave, on les emploie moins dans le registre aigu. Beaucoup de musiciens les font rarement monter plus haut que ⟨notation⟩ Il devient donc plus avantageux de les écrire une octave plus haut: ⟨notation⟩ Quelques chefs de musique ont adopté déjà cette manière d'écrire. On fait aussi des Trompettes en Si ♭ aigu (unisson du Cornet à Pistons en Si ♭) mais l'usage en est peu répandu.

LE COR.

Le Cor simple devient de plus en plus rare dans les musiques militaires. Cependant comme on le rencontre encore quelquefois, nous donnerons quelques notions sur cet instrument. Le Cor à des corps de rechange pour tous les tons depuis Si ♭ aigu jusqu'à Si ♭ grave. Les seuls, ou à peu près, dont on se serve aujourd'hui sont ceux de Fa et Mi ♭.

ÉTENDUE ET NOTES NATURELLES DU COR.

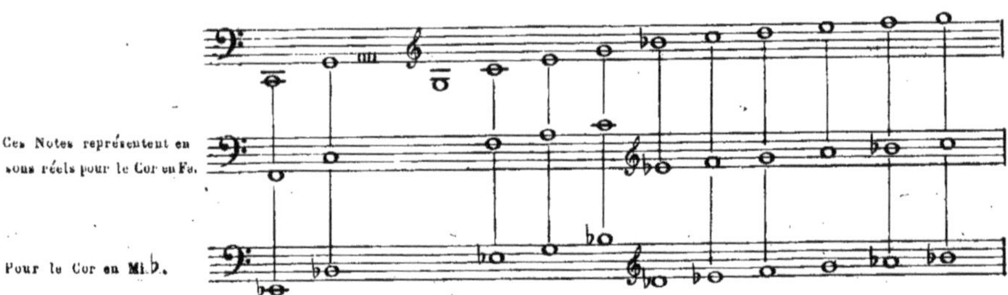

Il faut ajouter à cette étendue: le Contr'ut grave (Cette note n'est possible que dans les tons les plus aigus. Elle est d'ailleurs inusitée) quelques notes au dessus du Sol aigu. Nous conseillons de ne pas les employer. Le Si ♭ est un peu bas, mais un bon éxécutant peut arriver à faire disparaitre ce défaut. Le Fa est trop haut et ne peut devenir juste qu'en fermant un peu le pavillon avec la main.

Outre les sons naturels que nous venons de faire connaitre on obtient sur le Cor des sons artificiels, en bouchant plus ou moins le pavillon avec la main. Ces sons se nomment sons bouchés. En bouchant à peu près à moitié le pavillon on baisse d'un $\frac{1}{2}$ ton toutes les notes naturelles.

Ce qui donne les notes  Le

La et le Fa sont moins bouchés le Fa ♯ aigu est assez difficile à donner juste. Les autres
notes s'obtiennent en bouchant entièrement le pavillon: elles sont très sourdes et très
difficiles à soutenir justes. On fera bien dans la musique militaire de s'en abstenir com_
plètement. En employant (comme on le faisait autrefois) deux cors en Mi ♭ et deux Cors
en La ♭ (*) on peut compléter les principaux accords.

LE COR A PISTONS.

Etendue du Cor à Pistons. 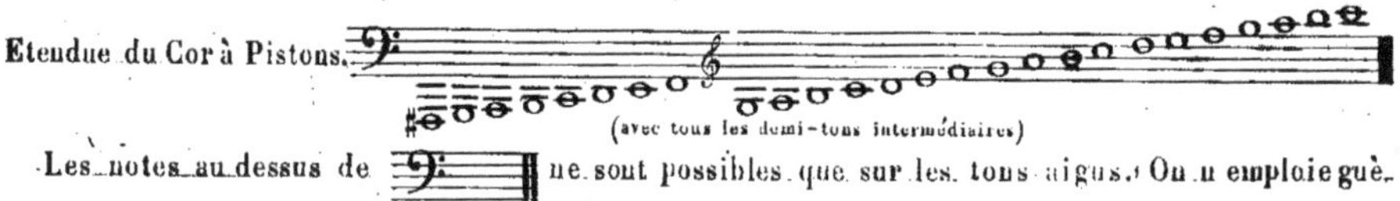

Les notes au dessus de   ne sont possibles que sur les tons aigus. On n'emploie guè_
re, dans la musique militaire, que les tons de Fa et de Mi ♭. Ainsi le Cor ordinaire possède sur
une étendue de 3 octaves 8 ou 10 notes d'un timbre excellent 8 ou 10 d'un timbre plus sourd:
toutes les autres sont extrêmement sourdes ou à peu près impossibles.

Le Cor à Pistons, lui, possède, sur la même étendue trente sept notes d'un timbre par_
faitement égal, plus 6 notes au grave, en tout 43 notes excellentes. Si l'instrument primitif
a perdu, par l'addition du Pistons, un peu de la pureté de son timbre, ce défaut n'est-il pas
compensé largement par le nombre et l'égalité des notes fournies par les Pistons? d'ailleurs
cette altération du timbre primitif est beaucoup moindre qu'on ne le dit, et beaucoup de per_
sonnes qui prétendent apercevoir une grande différence entre les sons du Cor simple et
celui du Cor à Pistons seraient incapables de distinguer les deux instruments l'un de
l'autre, si elles les entendaient sans les voir.

(*) Etendue du Cor en LA ♭.

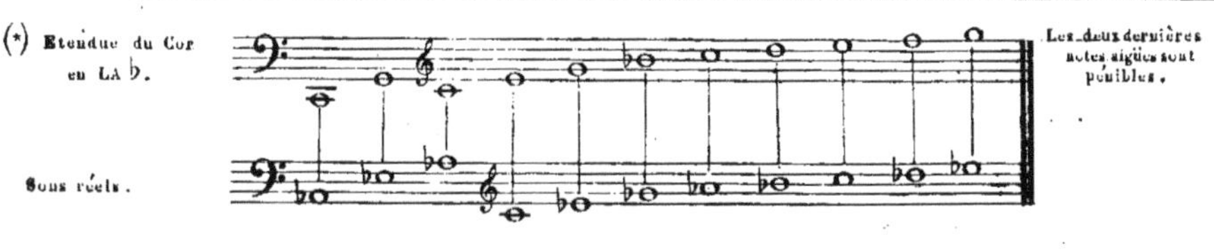

Et le Cor à Pistons a, sur le Cor ordinaire, non seulement l'avantage de faire entendre toutes les notes ouvertes, mais encore celui de donner bouchés tous les sons de la gamme chromatique. Dans les passages écrits pour les Cors, les compositeurs ne trouvant pas une basse suffisante dans le Cor ordinaire dont l'octave grave ne renferme que trois notes ouvertes, ont été forcés de recourir le plus souvent au Basson dont le timbre n'a avec les Cors, qu'une analogie assez éloignée. On a maintenant, dans le Cor à Pistons, une basse excellente et d'un timbre identique à celui des parties supérieures.

LE TROMBONE.

IL y a trois espèces de Trombones, le Trombone Alto, le Trombone Ténor et le Trombone Basse. Le Trombone Ténor est le seul usité aujourd'hui dans nos orchestres et nos musiques militaires. Cet instrument n'est pas transpositeur.

Etendue du Trombone. et au dessus

Bien que le Trombone puisse faire encore quelques notes au dessus de l'étendue que nous indiquons on fera prudemment de ne pas s'en servir.

Les notes suivantes que l'on nomme pédales existent mais sont presqu'entièrement inusitées. Certaines notes ne peuvent se succéder sur le Trombone qu'avec quelque lenteur il faut pour s'en rendre compte, connaitre les différentes positions de la coulisse.

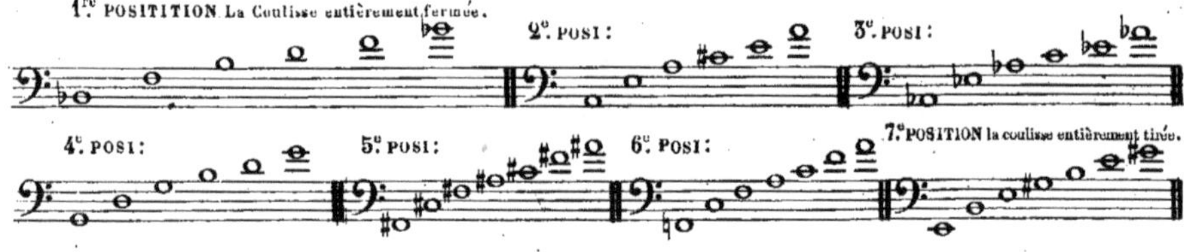

On verra d'après ce tableau que les notes par exemple appartiennent à des positions trop éloignées l'une de l'autre pour pouvoir se succéder rapidement.

LE TROMBONE A PISTONS.

On fait aujourd'hui d'excellents Trombones à Pistons. Peut-être n'ont-ils pas tout à fait la même sonorité que les Trombones à coulisses, mais ils sont beaucoup plus faciles à jouer. Certains Solos, d'une exécution facile sur le Trombone à Piston, ne peuvent être joués sur le Trombone à coulisse que par des artistes hors ligne.

ETENDUE DU TROMBONE A PISTONS.

(avec les demi tons intermédiaires)

On fait aussi des Trombones en Si b dont l'étendue est la même ou un ton plus bas. D'ailleurs la plupart des Trombones à Pistons en Ut peuvent être baissés d'un ton au moyen d'une coulisse d'accord. Le doigté du Trombone à Pistons étant le même que celui des Saxhorns, les Trils sont les mêmes; les plus faciles sont les Trilles Mineurs. Le système EQUITONI_QUE GAUTROT est appliqué aujourd'hui aux Trombones à Pistons et leur donne, au grave, plusieurs notes très utiles, avec une justesse plus grande:

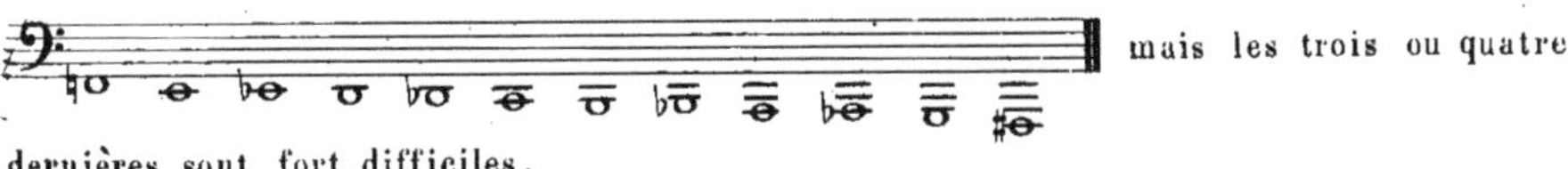

mais les trois ou quatre dernières sont fort difficiles.

L'OPHICLEIDE.

Il y a des ophicléides en Ut et en Si b. Ces instruments presque partout remplacés par le Saxhorn Basse, se rencontrent cependant encore dans quelques musiques. Dans les traits rapides et liés, ils sont préférables aux Saxhorns, mais ils n'ont pas la même égalité de sons.

Etendue de l'Ophicléide. 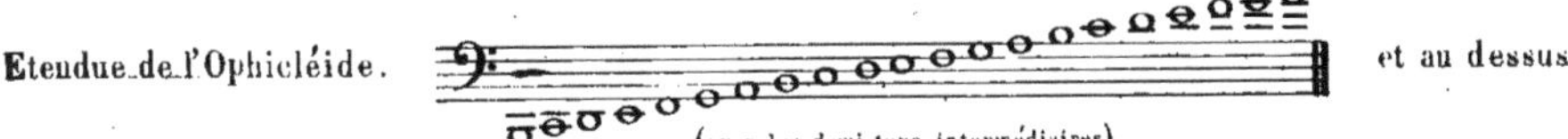 et au dessus

(avec les demi tons intermédiaires)

Sur l'Ophicléide en Ut ces notes représentent les sons réels: sur l'Ophicléide en Si b, la seconde majeure inférieure des sons réels.

Les notes dont le timbre et la justesse sont le moins satisfaisant sont:

Les meilleures sont:

A partir de l'Ut de la deuxième octave, tous les Trilles sont faciles jusqu'au Fa ♯ aigu.

3ᵉ SERIE.

LES TIMBALLES.

Le sous des Timballes est assez appréciable pour qu'on puisse les accorder. On se sert ordinairement de deux Timballes d'inégales grandeurs qu'on accorde à la quinte ou à la quarte l'une de l'autre, de manière que l'une donne la tonique, l'autre, la dominante du morceau où on les emploie. La plus grande donne le son le plus grave.

Elle peut rendre tous les sous de 𝄢 à 𝄢 La plus petite tous les sous de 𝄢 à 𝄢 Plus la peau qui les recouvre est tendue, plus elles sont sonores. Il y a deux manières d'écrire les Timballes:

La 1ʳᵉ consiste à écrire les sous réels:

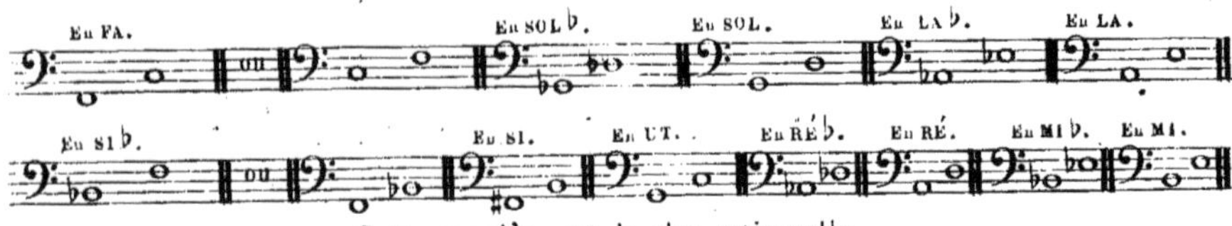

Cette manière est la plus rationnelle.

La 2ᵉ manière consiste à considérer les Timballes comme instruments transpositeurs. Quelque soit le ton on écrit toujours: 𝄢 en ayant soin d'indiquer le ton.

Ainsi: Timballes en Mi
ou Timpani in E (*) 𝄢 Representera 𝄢

Timballes en Sol
ou Timpani in G 𝄢 Representera 𝄢

Timballes en Fa
ou Timpani in F 𝄢 Representera 𝄢

Quelques compositeurs indiquent la tonique et la dominante ainsi: Timballes en Mi, Si, Timballes en La♭ Mi♭ etc. ou Timpani in E,H. Timpani in A♭, E♭, MEYERBEER, dans Robert-le-diable, s'est servi de 4 Timballes donnant les notes  H.BERLIOZ, dans sa grande Messe de REQUIEM à employé 8 paires de Timballes accordées dans divers tons.

Les roulements s'indiquent ainsi  ou suivant le mouvement.

LE TAMBOUR.

Le Tambour ou Caisse Claire n'a pas des sons aussi appréciables que ceux de la Timballe.

Dans les Marches Funèbres on rencontre souvent l'indication Tambours Voilés. Ces mots signifient que la peau du Tambour doit être recouverte d'un morceau de drap de laine qui en assourdit les sons et leur donne un caractère lugubre.

LA CAISSE ROULANTE.

Le son de la Caisse roulante est beaucoup plus sourd que celui de la Caisse Claire et a beaucoup d'analogie avec celui du Tambour voilé. Cet instrument, comme l'indique son nom, s'emploie principalement pour les roulements.

LA GROSSE CAISSE, LES CYMBALES.

La Grosse Caisse et les Cymbales sont presque toujours unies dans les marches militaires. On les écrit souvent sur la même portée que les tambours. EXEMPLE.

On écrit aussi chaque partie sur une portée d'une ligne. Ex:

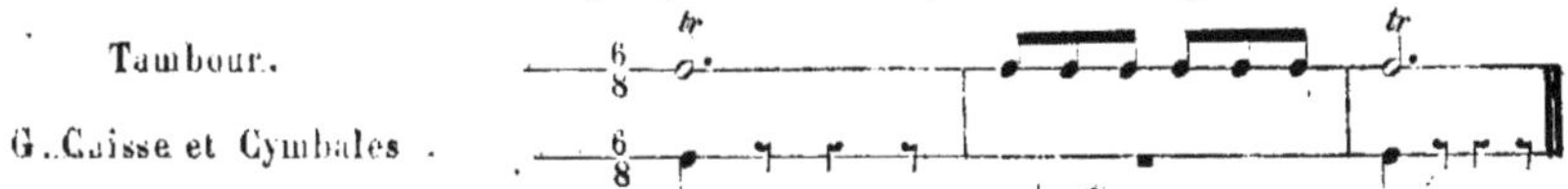

On se sert de notes longues lorsqu'on veut que les sons soient prolongés et des notes brèves dans le cas contraire avec cette indication: Sec.

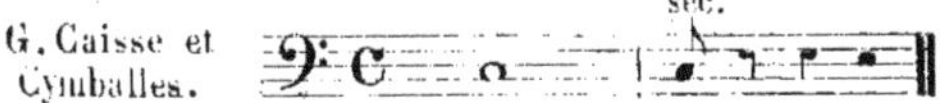

On emploie quelquefois la Grosse Caisse sans les Cymbales, et les Cymbales sans la Grosse Caisse; le premier cas est indiqué par les mots: sans Cymb: le deuxième par Cymb. seules.

La Grosse Caisse peut faire des Trémolos.

LE TRIANGLE.

Après les instruments dont nous venons de parler, celui dont l'usage est le plus répandu est le Triangle, qu'on devrait réserver cependant pour donner à certains morceaux une couleur particulière. On l'écrit sur une portée ordinaire, mais la portée d'une ligne lui suffit.

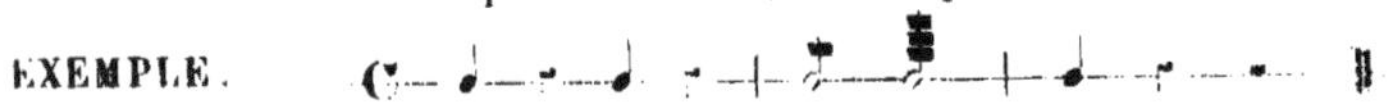

EXEMPLE.

LE TAMTAM.

Cet instrument ne s'emploie que dans les morceaux funèbres. Son timbre est extrême‑ment lugubre soit dans le Forte soit dans le Piano. Le ton n'en est pas appréciable.

LES CLOCHES.

Les Cloches, dont l'usage est encore plus restreint, ont toujours un ton déterminé. Il y a des cloches aigües et des cloches graves qu'on écrit les premières sur la clef de Sol, les deuxièmes, sur la clef de Fa.

On emploie quelquefois plusieurs Cloches en divers tons.

LE TAMBOUR DE BASQUE.

Le Tambour de Basque (ou plutôt Tambour Basque) s'emploie dans les Saltarelles, les Tarentelles, les airs basques, Bohemiens.

LES CASTAGNETTES.

Les Castagnettes ne s'emploient guère que dans les airs de danse Espagnols nommés Boleros. Leur rhythm habituel est:

RESUMÉ.—ÉTENDUE DES DIVERS INSTRUMENTS, LEURS RAPPORTS ENTR'EUX AVEC LE DIAPASON.

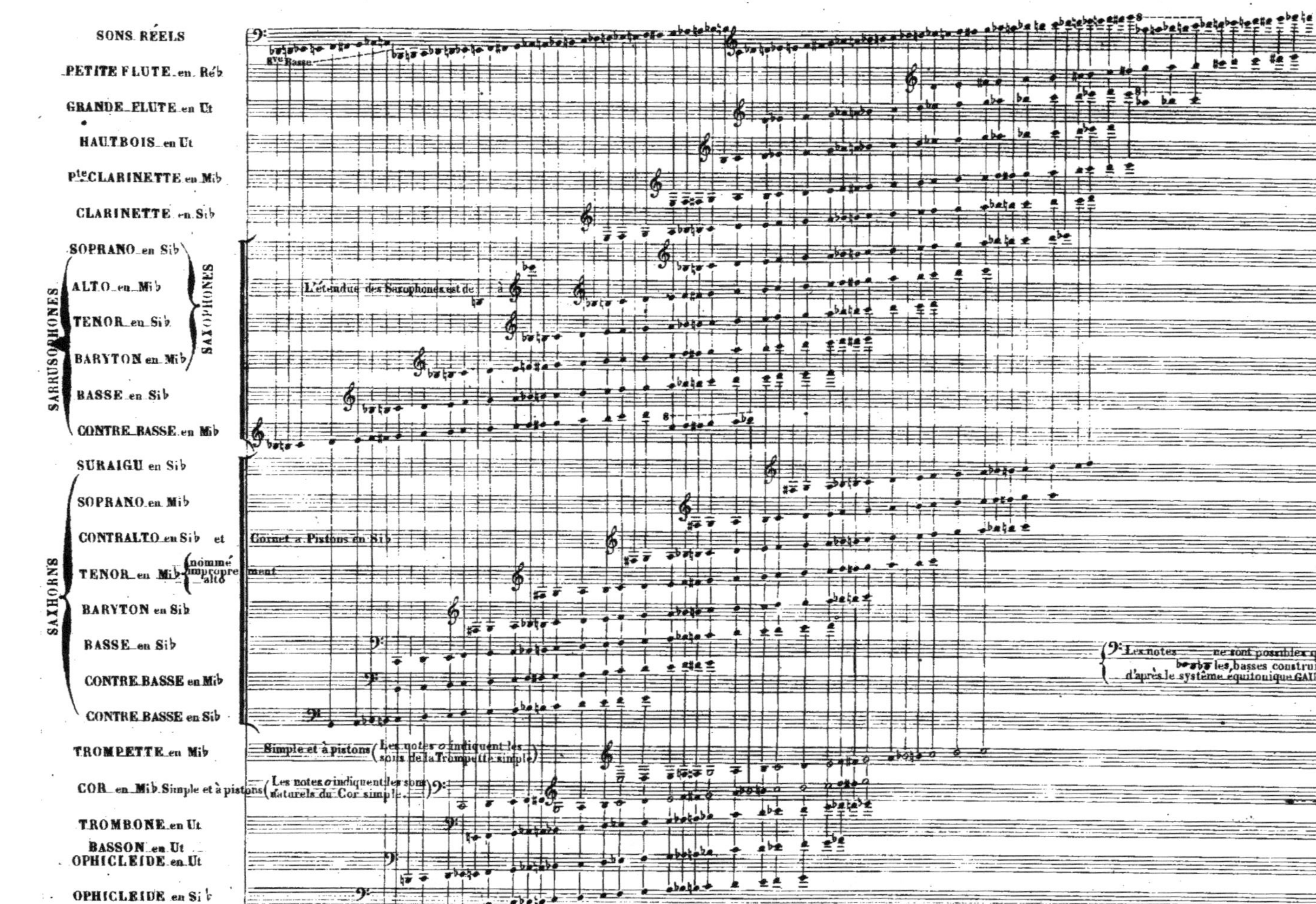

LES VOIX.

Il peut arriver qu'on ait à accompagner un chœur de voix par une musique d'harmonie où une fanfare, il est même assez probable que ce cas se présentera par la suite de plus en plus fréquemment. C'est pourquoi nous croyons devoir donner ici la notion nécessaire sur les différentes espèces de voix.

On les écrit comme les instruments non transpositeurs.

Le Tableau suivant indique le nom et l'étendue approximative de chaque espèce de voix, et les rapports qui existent entre ses différentes espèces.

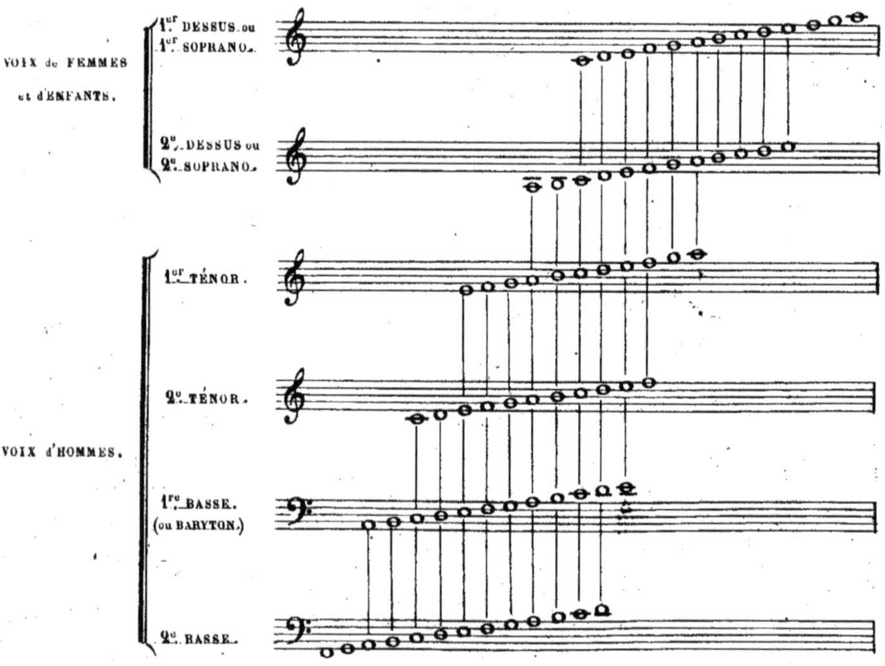

Cette division des Basses en 1.res et 2.es Basses ne s'emploie guère que dans les chœurs à voix d'hommes seules.

Comme on le voit, les notes de Ténor écrites sur la clef de Sol représentent les sons de l'octave inférieure. La clef d'Ut 4.e ligne représente les sons réels; l'usage en devient aujourd'hui de plus en plus rare.

MOYEN DE RAMENER A LA MÊME TONALITÉ DES INSTRUMENTS DE TONALITÉS DIFFERENTES

Etant donné un instrument dans un certain ton, et jouant avec une certaine armure, quelle armure devra-t-on donner à un autre instrument dans un autre ton pour que la tonique du second soit à l'unisson, à l'octave à la double octave de la tonique du premier?

Par exemple étant donné un Bugle en Si♭, jouant en Sol (un ♯ à la clef) quelle armure devra-t-on donner 1º a la Petite Flûte en Ré♭, 2º à l'Alto en Mi♭, 3º au Trombone en Ut?

1º Le ton de Ré♭ étant d'une tierce mineure plus haut que le ton de Si♭, il est évident que la Petite Flûte pour s'accorder avec le Bugle devra prendre sa tonique une tierce mineure plus bas que le Bugle donc le Bugle jouant en Sol (un ♯ à la clef) la Petite Flûte jouera en Mi (quatre ♯ a la clef.)

2º Le ton de Mi♭ étant d'une quinte juste plus bas que le ton de Si♭, l'Alto, pour s'accorder avec le Bugle, devra jouer une quinte juste plus bas que lui.

Donc le Bugle jouant en Sol, l'Alto jouera en Ré (deux ♯ à la clef).

3º Le ton d'Ut étant plus haut d'une seconde majeure que le ton de Si♭, le Trombone devra, pour s'accorder avec le Bugle, jouer une seconde majeure plus bas que lui.

Donc le Bugle jouant en Sol, le Trombone jouera en Fa (un ♭ à la clef.)

AUTRE MOYEN PLUS FACILE

L'armure de tout instrument non transpositeur comme la Grande Flûte, le Hautbois, le Trombone exprime une tonalité réelle. L'armure d'un instrument transpositeur, comme le Bugle en Si♭, la Petite Flûte en Ré♭, la Petite Clarinette en Mi♭ n'exprime qu'une tonalité fictive. Pour avoir la tonalité réelle, il faut ajouter aux dièses ou au bémols de l'armure, les dièses où les bémols que comporte la tonalité propre de l'instrument. Observons que, dans cette addition, chaque dièse efface un ♭ et réciproquement.

ainsi: 5 Bémols + 2 Dièses = 3 Bémols (∗)

1 Bémol + 3 Dièses = 2 Dièses.

Nous allons éclaircir par des exemples ce que cette théorie peut avoir d'obscur pour le lecteur.

(∗) + Signifie PLUS.

= Signifie ÉGALE.

1er Exemple : Trombone en Ut   la tonalité réelle est Mi b (ou son relatif mineur)

2e   Petite Clarinette en Mi b   Quelle est la tonalité réelle ? Pour le savoir je n'ai qu'à ajouter au b de l'armure, 3 Bémols exprimant la tonalité propre de l'instrument Mi b : Ce qui me donne en somme 4 Bémols. Donc la tonalité réelle est La b (ou son relatif mineur).

3e Ex : Clarinette en Si b   Quelle est la tonalité réelle ? Pour le savoir j'ajoute au 2 Dièses de l'armure, deux Bémols exprimant la tonalité propre de l'instrument. 2 Dièses + 2 Bémols = 0. Donc la tonalité réelle est Ut majeur (ou La mineur.)

4e Ex : Petite Flûte en Ré b.   Quelle est la tonalité réelle ? Pour le savoir j'ajoute au 3 Dièses de l'armure, 5 Bémols exprimant la tonalité propre de l'instrument. — 3 Dièses + 5 Bémols = 2 Bémols. Donc la tonalité réelle est Si b (ou son relatif)

Cela établi , reprenons la question déjà posée et resolue plus haut.

Etant donné un Bugle en Si b jouant en Sol, quelle armure devra-t-on donner 1° à la Petite Flûte en Re b, 2° à l'Alto en Mi b, 3° au Trombone en Ut ?

Bugle en Si b   1 Dièse + 2 Bémols = 1 Bémol. Tonalité réelle en Fa.

Pour ramener la Petite Flûte à cette tonalité de Fa il faut lui donner une armure de 4 Dièses. Petite Flute en Rè b.   car 4 Dièses + 5 Bémols = 1 Bémol.

Pour ramener l'Alto à la tonalité de Fa, il faut lui donner une armure de 2 Dièses. Alto en Mi b.   Car 2 Dièses + 3 Bémols = 1 Bémol. Quand au Trombone qui n'est pas transpositeur, il suffit de lui donner une armure de 1 Bémol. Trombone en Ut   Car 1 Bémol + 0 = 1 Bémol. Dans le cas qui nous occupe, il est évident qu'il faudrait ne donner aucune armure au Cor ou à la Trompette en Fa. Cor ou Trompette en Fa.   Puisque 0 + 1 Bémol = 1 Bémol.

AUTRE EXEMPLE.

Petite Flute en Ré ♭ — 3 Dièses + 5 Bémols = 2 Bémols. (ton réel: Si ♭)

Instruments en Ut — 2 Bémols + 0 = 2 Bémols.

Instruments en Mi ♭ — 1 Dièse + 3 Bémols = 2 Bémols.

Instruments en Si ♭ — 0 + 2 Bémols = 2 Bémols.

Instruments en Fa — 1 Bémol + 1 Bémol = 2 Bémols.

Instruments en La ♭ — 2 Dièses + 4 Bémols = 2 Bémols.

En résumé, les instruments en Si ♭ étant pris comme point de comparaison les Instruments en Ut auront à la clef : 2 Bemols ⎫ de plus. 2 Dièses ⎫ de moins.

———— en Fa ———————— 1 Bemol ⎬ 1 Dièse ⎬

———— en Mi ♭ ———————— 1 Bemol ou 1 Dièse

———— en La ♭ ———————— 2 Bemols ⎫ de moins. 2 Dièses ⎫ de plus.

———— en Ré ♭ ———————— 3 Bemols ⎭ 3 Dièses. ⎭

Les cas suivants, quoique fort rares, peuvent cependant se présenter passagèrement.

1º. Supposons que les instruments en Si ♭ jouent avec 5 Bémols à la clef. D'après ce qui vient d'être dit les instruments en Ut auront 2 Bémols de plus; par conséquent 7 Bémols, ce qui est l'armure du ton d'Ut Bémol. Ut Bémol ayant pour enharmonique Si ♮, il est plus simple de prendre l'armure de ce dernier ton c'est à dire 5 Dièses.

ainsi:

Clarinettes en Si ♭.   Grande Flûte en Ut.

2º. Supposons que les instruments en Si ♭ jouent avec 4 Dièses à la clef. La Petite Flûte en Ré ♭ aura 3 Dièses de plus, par conséquent 7 Dièses ce qui est l'armure du ton d'Ut ♯. Ut ♯ ayant pour enharmonique Ré ♭, il est plus simple de prendre l'armure de ce dernier ton, c'est à dire 5 Bémols.

Clarinettes en Si ♭.   Petite Flute en Ré ♭.

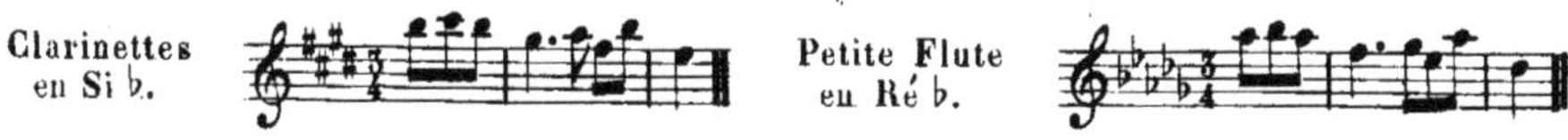

OBSERVATIONS SUR L'EMPLOI DES DIVERS INSTRUMENTS.

La Petite Flûte, comme on le voit dans le Tableau (Page 20) rend les sons à la neuvième mineure plus haut, qu'ils ne sont écrits.

ainsi en écrivant:

on a entre les deux instruments un intervalle de deux octaves. Il résulte de cette énorme distance que la Petite Flûte se détache complètement de l'ensemble (*) On peut rendre ce passage beaucoup meilleur en introduisant entre la Petite Flûte et la Petite Clarinette une partie de Grande Flûte qui les liera l'une à l'autre en doublant la première à l'octave inférieure, et la seconde à l'octave supérieure. La Flûte tierce Mi♭ ou la Petite Clarinette La♭ rempliraient encore mieux le but.

La 2e manière ne sera bonne que dans un Forte attendu que les notes Ré Mi de la Petite Clarinette sont trop criardes pour être employées dans le Piano.

(*) FELICIEN DAVID a employé la Petite Flûte doublant à deux octaves d'intervalle un chant de Hautbois mais il s'agissait précisément de produire un effet étrange, exceptionnel.

Sur la petite Flûte les sons de la première octave étant très faibles il vaudra mieux employer les sons correspondants de la Grande Flûte.

Ce passage sera mieux écrit de la manière suivante.

Deux Petites Flûtes à l'unisson font rarement bon effet (*) dans l'unisson un léger défaut de justesse qui, au grave, pourrait passer inaperçu devient de plus en plus perceptible à mesure que les instruments sont plus aigus. Le Hautbois, à cause du peu d'éclat de sa sonorité, ne peut être employé avec effet que dans le Solo. Dans ce cas, il peut être doublé a l'octave supérieure par la Grande Flûte, ou a l'octave inférieure par une Clarinette ou un Saxophone, le Saxophone Alto, par exemple. Mais l'effet d'un unisson de Hautbois et de Clarinette n'est généralement pas d'un bon effet. Deux Hautbois à l'unisson prennent un timbre plus mordant et produisent un effet très analogue a celui de la Musette. Les Hautbois s'unissent bien aux Flûtes dans les harmonies aigües.

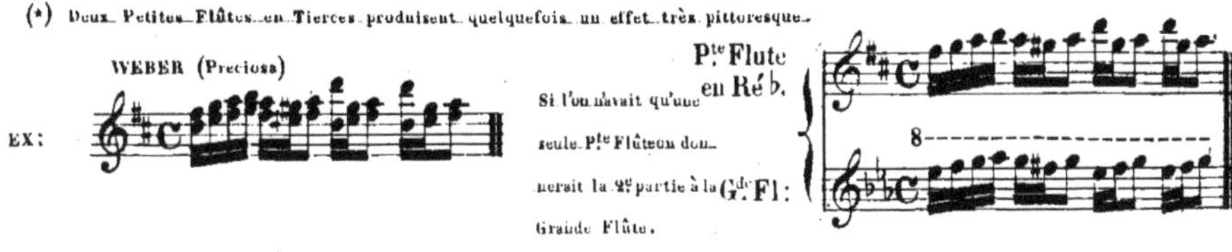

Les Clarinettes étaient autrefois en grand nombre dans les musiques militaires et pouvaient sans inconvénient se diviser en plusieurs parties. Ce nombre aujourd'hui est malheureusement fort réduit, et le peu qui reste doit lutter contre une armée d'instruments de cuivre; aussi les accompagnements faits par les Clarinettes sont devenus à peu près insignifiants. On fera donc bien, si cela est possible, de laisser les accompagnements aux Saxhorns et de faire exécuter les chants par toutes les Clarinettes à l'unisson et à l'octave, à moins qu'on ne désire avoir un effet de Clarinettes seules.

Dans ce cas on divisera les Clarinettes en trois, quatre et même un plus grand nombre de parties. Douze Clarinettes peuvent être divisées ainsi: 4 Petites Clarinettes remplissant les mêmes fonctions que les 1ers Violons dans l'orchestre; 4 premières Clarinettes en Si ♭ (2es Violons) 4 secondes Clarinettes en Si ♭ (Altos) (*) la partie correspondante au Violoncelle est faite par les Saxophones.

Par exemple le passage suivant d'Haydn:

Pourrait être traduit ainsi:

Lorsqu'on a à rendre avec les Clarinettes un Trémolo d'instruments à cordes on a recours le plus souvent à la forme syncopée.

Cependant, lorsque le Trémolo n'est pas trop prolongé, il peut être fait par les Clarinettes, et son effet est alors d'autant plus satisfaisant que les Clarinettes sont plus nombreuses. (*)

La famille des Clarinettes est complète; il est fâcheux qu'on ne se serve pas des Clarinettes Altos et Basse dont le timbre se marierait mieux qu'aucun autre avec celui des Clarinettes en usage.

La famille des Saxophones est complète également. Ces instruments peuvent servir à faire des tenues, des arpèges, des solos, des chants a l'unisson. Ainsi la mélodie des Violoncelles dans l'Adagio de la symphonie en Ut mineur de BEETHOVEN pourrait être rendu par les Saxophones Alto, Tenor et Baryton.

(*) Dans la traduction d'un morceau d'orchestre pour musique militaire, les Clarinettes remplissent l'office des Violons, s'il se présente un solo de Clarinette, on fera bien de le confier à un autre instrument (Flûte, Hautbois, Saxophone, Cornet à Pistons, Bugle) à moins que ce solo ne soit absolument dans le caractère et les ressources de la Clarinette et ne puisse être rendu que par elle.

La famille des Hautbois est à peu près complète avec le Cor Anglais et le Basson. Mais le Hautbois est d'une sonorité très faible en plein air; le Cor Anglais plus sourd encore ne peut être d'aucune utilité, et le Basson a été depuis longtemps supprimé comme insuffisant. Ses dernières notes graves seules ont assez de force pour lutter avec les instruments de cuivre. La nouvelle famille d'instruments créée par la maison GAUTROT (Sarrusophones) est destinée à rendre aux Hautbois aux Bassons l'importance qu'ils doivent avoir dans la musique militaire. La Contrebasse est particulièrement un instrument précieux. On a vu que son étendue au grave est plus grande que celle d'aucun autre instrument puisque sa dernière note Si ♭ (son réel: Ré ♭) est à une quinte mineure au dessous de la note la plus grave de la Contrebasse à trois cordes, et à une tierce mineure au dessous de la note la plus grave de la Contrebasse à 4 cordes.

Les instruments de cuivre sont communs à la musique d'harmonie et à la fanfare mais les Cornets à Pistons et les Bugles qui, dans la musique d'harmonie remplissent à peu près le rôle des instruments à vent dans l'orchestre, deviennent d'une plus grande importance dans la fanfare proprement dite qui ne renferme que des cuivres, et où ils sont chargés presqu'exclusivement de la partie chantante.

L'introduction des Saxophones ou des Sarrusophones dans les fanfares leur fournit il est vrai des éléments de variété mais leur enlève un peu du caractère qui leur est propre.

La vrai place de ces instruments, à notre avis, est dans la musique d'harmonie.

Quelques fanfares admettent une Petite Flûte: on ne saurait trop s'élever contre cet usage barbare, absurde, anti - musical au dernier degré.

Les instruments de cuivre peuvent se diviser en deux catégories: 1⁰ les instruments à son mat; 2⁰ les instruments à son strident.

Les instruments à son mat sont les Saxhorns.

Les instruments à son strident sont les Trompettes et les Trombones.

Le Cornet à Pistons participe des deux espèces: il n'a ni le timbre éclatant de la Trompette, ni le son moëlleux et plein du Bugle Contr'alto. Nous le rangerons dans la 2e catégorie avec laquelle il a plus d'analogie qu'avec la 1re. Beaucoup de chefs de musiques croient pouvoir remplacer les Trompettes par des Cornets à Pistons. C'est là une erreur dont il faut se garder; d'ailleurs le ton de Si♭ aujourd'hui presque seul en usage, est précisément celui qui diffère le plus du timbre de la Trompette. Il est vrai que la Trompette est plus difficile à jouer. Le Cornet à Pistons, malgré ses sons fanfarons,[*] peut être même à cause de cela, est aujourd'hui l'instrument de prédilection des amateurs.

On écrit ordinairement 2 parties de Cornet mais il se présente très souvent des cas où l'on a besoin de 3 parties de Cornet. Ex:

3 Cornets en Si♭.

La 3e partie pourrait être faite au besoin par la Trompette.

2 Cornets en Si♭.

Trompette en Mi♭.

Le Bugle Contr'alto dont la sonorité a de l'ampleur et de la noblesse, de la douceur et en même temps de la force, le Bugle est loin de jouir de la même faveur que le Cornet à Pistons; c'est lui cependant qui doit jouer dans la fanfare le rôle principal: le Bugle Soprano le doublera tantôt à l'unisson tantôt à l'octave. Quant au Petit Bugle suraigu en Si♭, nous avons vu qu'il est presqu'inusité.

Les Saxhorns Altos (Tenors) et Barytons susceptibles de faire, au besoin, des solos, des traits rapides, sont propres surtout à l'accompagnement. Ils remplissent aujourd'hui les fonctions destinées autrefois aux Cors. Ils ont plus de force et sont plus faciles à jouer que les Cors, aussi sont-ils bien placés dans la fanfare; mais dans la musique d'harmonie, rien ne saurait remplacer la douce sonorité des Cors principalement dans les tenues à 2, 3 et à 4 parties.

(*) H. BERLIOZ. Traité d'Instrumentation.

Nous pensons que les Altos doivent être en nombre double des Barytons, de manière à former avec les Basses une harmonie complète à quatre parties égales.

On pourrait il est vrai obtenir le même résultat en employant au lieu de la partie des 1ers Altos, une partie faits par deux seconds Bugles. Mais, outre que les Bugles sont plus propres au chant qu'à l'accompagnement il peut se présenter fréquemment des cas semblables à celui-ci.

Au reste un défaut commun à un grand nombre de musiques est de n'avoir qu'un nombre insuffisant d'instruments pour remplir les parties intermédiaires. Ainsi, dans une fanfare avec 4 Basses et 2 Contrebasses on a quelquefois 2 Barytons et 3 Altos.

A notre avis le nombre de Basses (sans compter les contrebasses) devrait servir de régulateur. Pour 3 Basses il faudrait 3 Barytons, 6 Altos, 6 Bugles en Si ♭: ceci, bien entendu dans la fanfare, car dans la musique d'harmonie on a, pour remplir les parties intermédiaires, outre les Saxhorns, des Clarinettes, des Saxophones, quelquefois des Cors.

Les Trombones s'écrivent ordinairement à 3 parties : l'usage est de traiter le 3ᵉ Trombone en véritable Basse. Il est souvent impossible alors d'avoir une harmonie de Trombones complète ; aussi quelques musiciens traitent le 3ᵉ Trombone comme un instrument intermédiaire.

Mais on a fait observer avec quelque justesse que les Trombones, en raison de leur timbre spécial qui les fait trancher nettement sur la masse de l'harmonie, avaient besoin, comme les voix humaines, d'une Basse de même timbre. On peut concilier ces deux opinions en employant 4 parties de Trombones ainsi que cela se fait dans quelques musiques.

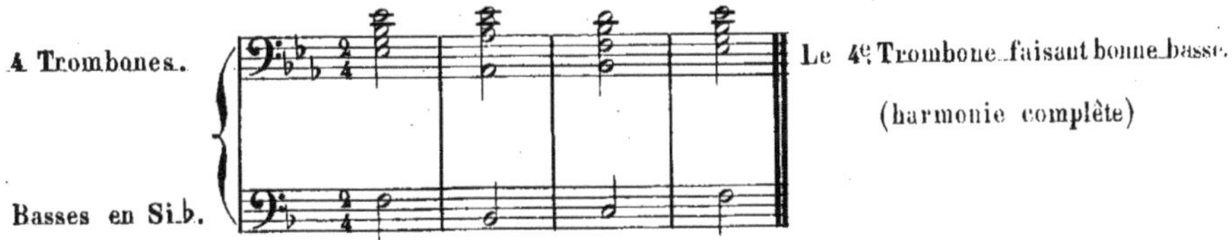

Les Trombones ne font bien qu'à 3 ou 4 parties : il vaut mieux n'en pas avoir que de n'en avoir qu'un. C'est dans le Forte seulement que les Trombones se distinguent par leur timbre du reste des instruments ; dans le Piano on peut les employer avec succés pour faire des tenues comme les Cors d'orchestre : ils se fondent alors très bien dans l'ensemble et peuvent dans ce cas être traités comme parties intermédiaires.

La Trompette qui est le véritable Soprano des Trombones, s'unit très bien à eux soit dans le Forte soit dans le Piano; le Cornet à Pistons également. La réunion de ces instruments fournit dans la fanfare d'heureux contrastes à la masse des Saxhorns.

Le Trombone à coulisses s'emploie souvent dans le solo; il est cependant bien rare d'entendre un solo de Trombone exécuté d'une manière satisfaisante; il faut pour cela des artistes d'un talent vraiment exceptionel. Nous avons eu occasion d'entendre le même solo exécuté tour à tour sur un Trombone à coulisses et sur un Trombone à Pistons et nous n'hésitons pas à déclarer que le second nous a paru infiniment préférable.

Les Saxhorns Basses et les Ophicleides (encore en usage dans quelques musiques) remplissent dans la musique militaire les mêmes fonctions que le Violoncelle dans l'orchestre, c'est à dire qu'on peut les employer soit comme Basse soit comme instruments chantants. On confie souvent des solos au Saxhorn Basse. Un chant Piano fait pour tous les Saxhorns Basses réunis pourrait produire un excellent effet; surtout doublé à l'octave; dans ce cas les Contrebasses en Mi♭ et en Si♭ suffiraient pour faire la vrai Basse.

FRAGMENT D'UNE SONATE DE PIANO (BEETHOVEN)

Lorsqu'on a à rendre par une musique d'harmonie militaire l'effet d'un chœur sans accompagnement, on emploie les instruments de cuivre seuls, en ayant soin de supprimer les Contrebasses. Nous avons donné plus haut des renseignements suffisants sur les instruments à percussion formant ce qu'on appelle la Batterie. Nous n'y ajouterons que quelques observations.

La Batterie pourrait produire d'excellents effets si l'on en usait avec quelque discrétion, au lieu de l'employer, comme on le fait, d'une manière à peu près continue.

Un seul Tambour donne des sons secs et maigres; plusieurs Tambours, au contraire, donnent un son plein et nourri, mais dont la force couvrirait tous les autres instruments si ces derniers n'étaient pas suffisamment nombreux. Un roulement de Tambour crescendo amenant un coup de Grosse Caisse et de Cymballes est d'un bon effet à l'occasion.

Tambour G. Caisse et Cymballes.

La Batterie s'unit généralement mieux à l'harmonie qu'à l'unisson, à moins qu'on ne veuille donner à l'instrumentation une couleur étrange, comme dans l'exemple suivant de Weber. (OBÉRON)

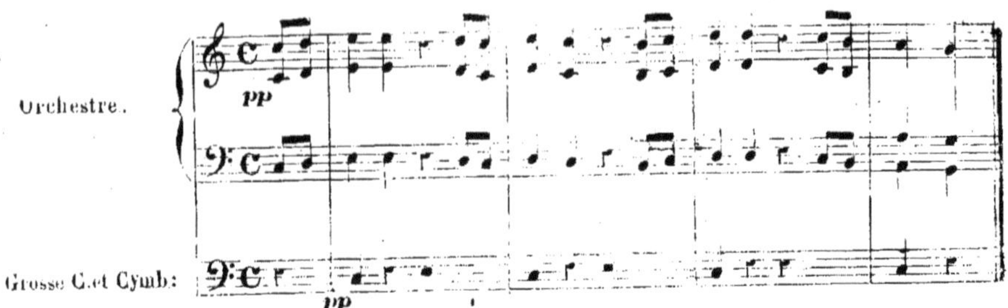

OBSERVATIONS DIVERSES.

Choix du ton. Si l'on a à traduire pour musique militaire un morceau d'orchestre ou de Piano, on le fait soit dans le même ton, si ce ton est favorable aux instruments de la musique militaire, soit dans le ton le plus rapproché. Cette règle est cependant sujette à de nombreuses exceptions.

Ex: soit à arranger pour musique militaire.

Parmi les tons qui conviennent à la musique d'harmonie celui de Mi ♭ est le plus rapproché de Ré. Nous choisirons donc le ton de Mi ♭.

On ne pourrait prendre le même ton pour la fanfare sans être obligé d'altérer un peu la mélodie. Ex:

Le ton de Si♭ serait plus avantageux: Ex:

Le passage suivant

peut être traduit de la manière suivante pour musique d'harmonie.

L'accompagnement des premiers Violons s'élève souvent au dessus de la mélodie chantée par le Soprano, mais ne saurait la couvrir à cause de la différence du timbre.

Bien que cette différence soit moindre entre le son de la Clarinette et celui du Cornet à Pistons, elle est encore cependant assez tranchée pour permettre aux 1res Clarinettes de s'élever au dessus de la mélodie chantée par le Cornet sans la couvrir.

Mais si l'on avait à arranger le même passage pour fanfare ce serait une faute grave d'écrire:

Car les deux timbres n'étant plus assez différents l'accompagnement couvrira le chant, et à chaque instant il y aura confusion. On évitera facilement cet inconvénient en transposant l'accompagnement à l'octave inférieure.

Il se présente assez souvent des cas semblables au suivant:

Bien que dans cet exemple, la voix soit à l'octave inférieure du 1.er Violons et fasse par conséquent une suite de quintes avec le second Violon, ces quintes sont permises et même fréquemment employés à cause du timbre spécial de la voix humaine. Mais il n'en serait pas de même si la partie vocale était remplie par un instrument.

Il faut, en pareille occasion ou 1° élever la partie chantante d'une octave ou 2° baisser d'une octave les 3 parties d'accompagnement. Dans ce dernier cas, on pourra doubler à l'octave la 1re et la 3e parties. Quelquefois même la seconde dans le Forte malgré les quintes consécutives qui en résultent.   Ex:

Autre exemple.

Ténor.

Orchestre.

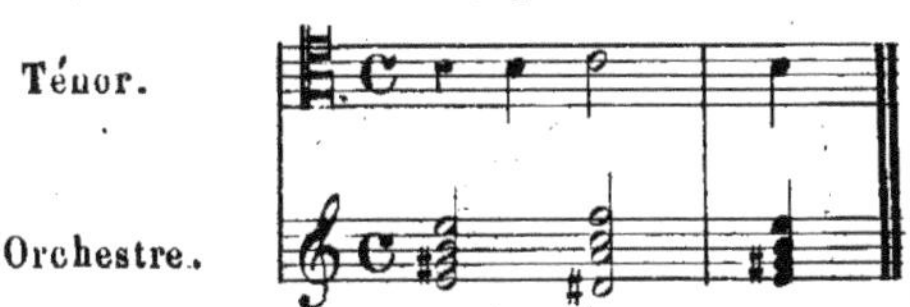

Dans cet exemple, on ne tient pas plus compte du diapason de la voix que dans le précédent, et on la traite comme si elle était à l'unisson de la seconde partie. Cela ne peut avoir lieu pour un instrument. On doit avoir recours alors au procédé indiqué plus haut, c'est-à-dire, élever d'une octave la partie chantante ou abaisser d'une octave les parties d'accompagnement.

On pourrait cependant quelquefois traiter un instrument solo comme la voix humaine, lorsqu'il existe entre cet instrument et ceux qui l'accompagnent une grande dissemblance de timbre, et seulement dans un passage très court, comme l'exemple précédent.

Petite Clarinette en Mi ♭.

Clarinettes en Si ♭.

Saxophone Alto en Mi ♭.

Trombone Solo.

Basse.

Mais on fera bien de n'user qu'avec réserve de cette manière d'écrire.

Beaucoup de chefs de musique, ayant à arranger un air d'Opéra se croient obligés, si c'est un air de Basse, de le faire jouer par un instrument grave, (Trombone, Baryton, Saxhorn Basse (*) Certes il est des mélodies dont le caractère convient surtout à une voix ou à un instrument graves, mais beaucoup d'autres peuvent sans inconvénient être exécutées par un instrument aigu. Ne voit on pas souvent un motif chanté dans un opéra par un Baryton ou une Basse et joué dans l'ouverture par les Violons, la Clarinette ou le Hautbois.

(*) C'est surtout dans ce cas que se présentent les difficultés dont nous venons de parler.

INTRODUCTION DE LA SYMPHONIE EN UT MAJEUR (DE BEETHOVEN)

ARRANGÉE POUR FANFARE.

Adagio molto.

Pt Bugle en Mi♭.

Bugles en Si♭.

Cornets à Pistons en Si♭.

Trompettes à Pist: en Mi♭.

Col Pt Bugle.

Altos en Mi♭.

Barytons en Si♭.

Trombones.

Basses.. en Si♭.

Contrebasse en Mi♭.

Contrebasse en Si♭.

Grosse Caisse. Tambour.

Pour donner aux personnes qui n'ont pas l'habitude de l'instrumentation militaire une idée de la manière dont il faut la traiter nous traduirons ici pour harmonie et pour fanfare un fragment de musique d'orchestre.

INTRODUCTION DE LA SYMPHONIE EN UT MAJEUR (DE BEETHOVEN)

(1) TROMPETTES. (2) BASSONS (3) ALTOS.

INTRODUCTION DE LA 1re SYMPHONIE (DE BEETHOVEN)

ARRANGÉE POUR MUSIQUE D'HARMONIE.

FANFARE.

Petit Bugle.
Bugles.
Cornets.
Trompettes.
Altos.
Barytons.
Trombones.
Basse.
Contrebasse en Mi♭.
Contrebasse en Si♭.
G. Caisse.
Tambour.
Col P.t Bugle.
Col Basse.
cres
unis
dim

Timballes.
Trompettes.
Cors.
Flûtes.
Hautbois.
Clarinettes.
Bassons.
1.er Violon.
2.d Violon.
Alto.
Basse.
Coloboi iu8. alta
ColViolino 1.º
cres
dim

CORBELLE Graveur.   C.G.79.   Imp.L. SALME, R. de la Poterie 20.